La Muette de Portici

Opéra en cinq actes

D. F. E. Auber

Alpha Editions

This edition published in 2022

ISBN : 9789357098410

Design and Setting By
Alpha Editions
www.alphaedis.com
Email - info@alphaedis.com

PERSONNAGES

MASANIELLO, pêcheur napolitain.
FENELLA, sa soeur.
ALPHONSE, fils du duc d'Arcos,
vice-roi de Naples.
ELVIRE, fiancée d'Alphonse.
PIÉTRO, compagnon de Masaniello.
BORELLA, | compagnons de Masaniello.
MORENO, |
LORENZO, confident d'Alphonse.
SELVA, officier du vice-roi.
UNE DAME de la suite d'Elvire.

La scène se passe, au premier acte, à Naples, dans les jardins du vice-roi; au deuxième, à Portici, au bord de la mer entre Naples et le mont Vésuve; au troisième sur la place publique de Naples; au quatrième, à Portici, dans la cabane de Masaniello; au cinquième, dans la palais du vice-roi.

* * * * *

ACTE PREMIER.

Les jardins du palais du duc d'Arcos. Au fond, une colonnade; à gauche, l'entrée d'une chapelle; à droite, un trône prépare pour la fête. Au lever du rideau, des soldats espagnols, conduits par Selva, traversent la colonnade.

SCÈNE PREMIÈRE.

ALPHONSE, CHOEUR DE PEUPLE, *en dehors.*

INTRODUCTION.

LE CHOEUR.

Du prince, objet de notre amour,
Chantons l'heureuse destinée:
Les flambeaux d'hyménée
Pour lui vont briller en ce jour.

ALPHONSE.

Ah! ces cris d'allégresse et ces chants d'hyménée
Jettent le trouble dans mon coeur!
Elvire que j'adore en vain m'est destinée
Le remords malgré moi se mêle à mon bonheur.

O toi! jeune victime
Dont j'ai trahi la foi,
Je vois avec effroi
Le malheur qui t'opprime.
Fenella, cache-moi
Ton courroux légitime;
Pour expier mon crime,
Je veillerai sur toi.
Ah! ces cris d'allégresse et ces chants d'hyménée
Jettent le trouble dans mon coeur!
Elvire que j'adore en vain m'est destinée:
Le remords malgré moi se mêle à mon bonheur.

LE CHOEUR, en dehors.

Du prince, objet de notre amour,
Chantons l'heureuse destinée:
Les flambeaux d'hyménée
Pour lui vont briller en ce jour.

SCÈNE II.

ALPHONSE, LORENZO.

ALPHONSE.

Lorenzo, je te vois, réponds ami fidèle,
De Fenella sais-tu quel est le sort?

LORENZO.

Seigneur, je l'ignore, et mon zèle,
Pour découvrir sa trace, a fait un vain effort.

ALPHONSE.

De mes coupables feux, ô suite trop cruelle!
Hélas! son malheur est certain.

LORENZO.

Quand Naples retentit du bruit de votre hymen,
Quand la jeune et charmante Elvire
Consent à vous donner sa main,
Quel intérêt en ce jour vous inspire
La fille d'un pêcheur et son obscur destin?

ALPHONSE.

Quel intérêt?... Le remords qui m'accable.
J'ai su m'en faire aimer en lui cachant mon nom;
Et je suis d'autant plus coupable,
Que son destin étrange et misérable
Rend plus facile encore ma lâche trahison.

LORENZO.

Qu'entends-je?

ALPHONSE.

La parole à ses lèvres ravie
Par un horrible événement,
La livrait sans défense à l'infidèle amant
Dont l'abandon empoisonna sa vie.
Aimable fille, alors je t'ai chérie.
Dans ces entretiens pleins d'attraits,
Où nos coeurs semblaient se confondre,
Muette, hélas! tu m'entendais:
Tes yeux seuls pouvaient me répondre.

LORENZO.

De cet indigne amour vous avez triomphé?

ALPHONSE.

Ce n'est pas ma raison qui l'a seule étouffé:
J'oubliai ma victime en adorant Elvire:
Elle prit sur mes sens un souverain empire.
Mais ne sois pas surpris qu'en ce jour fortuné,
Où l'amour va m'unir à celle que j'adore,
Ami, la pitié parle encore
Pour celle que j'abandonnai.
Depuis un mois elle a fui ma présence,
Et sa mort...

LORENZO.

Écartez un présage odieux:
Peut-être votre père a voulu, par prudence,
La soustraire à vos yeux.
Vous connaissez son humeur inflexible,
A ses sujets comme à son fils terrible.
Vous le savez; on craint que sa rigueur
De ce peuple opprimé ne lasse la douleur.

ALPHONSE.

Mais du cortège qui s'avance
J'entends déjà les accents solennels,
Cher Lorenzo, de la prudence!
Viens rejoindre mon père et nous suivre aux autels.

SCÈNE III.

ELVIRE, LE CHOEUR.

(*Marche et cortège; Elvire paraît entourée de jeunes filles espagnoles ses compagnes, de seigneurs napolitains, des dames précédent son arrivée: de jeunes Napolitaines lui présentent des fleurs.*)

LE CHOEUR.

Alphonse épouse la plus belle;
Et quand le ciel forme leurs noeuds,
Que Naples soumise et fidèle
Redouble ses chants et ses jeux!
Rendons hommage à la plus belle!

ELVIRE.

Plaisir du rang suprême, éclat de la grandeur,
Vous n'êtes rien auprès de mon bonheur.

AIR.

A celui que j'aimais c'est l'hymen qui m'engage;
Dans mon âme ravie où règne son image,
Est-il un seul désir qui puisse être formé,
S'il m'aime autant qu'il est aimé?
O moment enchanteur!
Pour ma fidèle ardeur
Je sens battre mon coeur!
Quel jour prospère!
Plus de mystère;
Heureuse et fière,
Je puis parler de mon bonheur.

(*Aux jeunes filles qui l'entourent.*)

O mes jeunes amies,
Mes compagnes jolies,
Loin de notre patrie,
Vous qui m'avez suivie,

Partagez mon bonheur!
O moment enchanteur! etc.
Et vous que sur mes pas, pour ce lointain rivage,
L'Espagne vit partir,
Par vos chants, par vos jeux, des bords heureux du Tage
Rappelez-moi le souvenir.

(*Elvire s'assied entourée de sa cour.*)

BALLET.

(*L'on exécute plusieurs danses espagnoles et napolitaines. A la fin du ballet, on entend un grand bruit.*)

ELVIRE, *se levant.*

Dans ces jardins quel bruit se fait entendre?

UNE DAME D'HONNEUR.

C'est une jeune fille: elle fuit des soldats,
Accourt en ces palais et tend vers vous les bras.

SCÈNE IV.

LES PRÉCÉDENTS, FENELLA, poursuivie par Selva et par des gardes.
(*FENELLA entre avec effroi; elle aperçoit la princesse et court se jeter à ses genoux.*)

ELVIRE.

Que voulez-vous? parlez.

FENELLA. *Elle fait signe à la princesse qu'elle ne peut parler, mais que rien n'égalera sa reconnaissance, et par ses gestes suppliants elle la conjure de la dérober aux poursuites de Selva.*

ELVIRE, *la relevant.*

Je saurai te défendre.
Quand mon bonheur est si grand aujourd'hui,
Pourrais-je aux malheureux refuser mon appui?
(*A Selva.*)
Quelle est donc cette infortunée?

SELVA.

La fille d'un pêcheur. L'ordre du vice-roi
Depuis un mois la tient emprisonnée;

Mais ce matin, bravant une sévère loi,
Elle a brisé ses fers.

ELVIRE.

Quel peut être ton crime?

FENELLA. *Elle répond qu'elle n'est point coupable; elle en atteste le ciel.*

ELVIRE.

Qui troubla ton repos?

FENELLA. *Elle fait signe que l'amour s'empara de son coeur, et qu'il a causé tous ses maux.*

ELVIRE.

Hélas! pauvre victime!
Je te comprends: l'amour a su toucher ton coeur.
Mais de tes maux quel est donc l'auteur?

FENELLA. *Elle fait signe qu'elle l'ignore; mais il jurait qu'il l'aimait, il la pressait contre son coeur; puis, montrant l'écharpe qui l'entoure, elle fait entendre qu'elle l'a reçue de lui.*

ELVIRE.

Cette écharpe, il te l'a donnée!

FENELLA. *Elle soupire et fait signe que oui.*

ELVIRE.

Mais dans ces lieux qui t'a donc entraînée?

FENELLA. *Elle désigne Selva; il est venu l'arrêter, malgré ses larmes et ses prières. Faisant le geste de tourner une clé et de fermer les verrous, elle exprime qu'on la plongea dans un cachot. Là elle priait, triste, pensive, plongée dans la douleur; quand tout à coup l'idée lui vint de se soustraire à l'esclavage. Montrant la fenêtre, elle fait signe qu'elle a attaché des draps, qu'elle s'est laissée glisser à terre, qu'elle a remercié le ciel. Mais elle a entendu le qui vive de la sentinelle; on l'a mise en joue; elle s'est sauvée à travers le jardin, a aperçu la princesse, et est venue se jeter à ses pieds.*

ELVIRE.

Que ses gestes parlants ont de grâce et de charmes!
Jeune fille! sèche tes larmes,
Je veux te protéger auprès de mon époux;
De ta douleur je serai l'interprète.

FENELLA. *Elle lui témoigne sa reconnaissance.*

LORENZO, *sortant de la chapelle.*

Voici de votre hymen la pompe qui s'apprête,
Princesse, et dans le temple on n'attend plus que vous.

(*La marche commence; Elvire et tout le cortège entrent dans la chapelle. Selva place différents postes de soldats qui empêchent le peuple d'avancer.*)

LE CHOEUR.

O Dieu puissant! Dieu tutélaire!
Du haut des cieux
Entends nos voeux!

(*Le peuple se presse à l'entrée du péristyle, et regarde dans l'intérieur du temple la cérémonie qui est censée commencée. Fenella se lève sur la pointe des pieds, et fait aussi ses efforts pour voir, mais la foule l'en empêche.*)

Dieu puissant! Dieu tutélaire!
Nous t'implorons â genoux.
(*Tout le monde se met à genoux, et Fenella aussi.*)
Daigne exaucer notre prière,
Et bénis ces heureux époux!
Dieu tutélaire!

SELVA, *regardant.*

O quel spectacle auguste et solennel!
Ce couple heureux s'avance vers l'autel.
Dans leurs regards quelle tendresse brille!

FENELLA. *Elle regarde pendant que tout le monde est à genoux, et ses gestes expriment la surprise et la douleur; elle ne peut en croire ses yeux, et s'élance vers le péristyle.*

LE CHOEUR DE SOLDATS.

Mais que veut cette jeune fille?
Loin du temple retirez-vous:
Du vice-roi redoutez le courroux.

FENELLA. *Elle les supplie de la laisser passer: il y va de son repos, de son bonheur. Elle se désespère de ne pouvoir expliquer ce qui l'intéresse si vivement.*

ENSEMBLE.

LE CHOEUR DES SOLDATS.

Jeune fille, n'approchez pas!
Loin de ces lieux portez vos pas.

LE CHOEUR DU PEUPLE, _bas à FENELLA.

Jeune fille n'approchez pas!
Craignez ces farouches soldats.

FENELLA. *Elle redouble ses instances, se tord les mains de désespoir. Il faut absolument qu'elle voie le prince: c'est elle qui est son épouse; c'est à elle qu'il a donné sa foi. Elle veut pénétrer dans le temple pour interrompre la cérémonie.*

SELVA.

Pour prix de tant d'audace,
Craignez qu'on ne vous chasse
De ces lieux révérés, au profane interdits!

FENELLA. *Elle les supplie encore.*

CHOEUR DU PEUPLE, *regardant dans la chapelle.*

Ils sont unis!

FENELLA. *Elle pousse un cri, et tombe sur un siège, dans le plus grand désespoir.*

SCÈNE V.

LES PRÉCÉDENTS, ALPHONSE, *donnant la main à Elvire, et entouré de tous les seigneurs de la cour.*

LE CHOEUR.

Quel bonheur! quelle ivresse!
Par nos chants d'allégresse
Célébrons en ce jour
Et l'hymen et l'amour.

ELVIRE, *à Alphonse.*

Je veux que cette journée
Commence par des bienfaits;
Et je vois une infortunée
Qui près de vous demande accès.
(*Allant à Fenella, qu'elle prend par la main.*)
Approchez-vous. Sa main est tremblante et glacée.
(*A Alphonse.*)
Par un perfide amant elle fut offensée,
Et contre un séducteur et parjure et cruel,
Elle vient implorer votre justice.

ALPHONSE, *la regardant.*

O ciel!

ENSEMBLE.

ALPHONSE.

O funeste mystère!
C'est elle que je vois!
Pour finir ma misère,
O terre, entr'ouvre toi.

ELVIRE.

Quel est donc ce mystère?
Parlez, répondez-moi.
Dieu! quel soupçon m'éclaire
Et me glace d'effroi?

LE CHOEUR.

Quelle est cette étrangère
Qu'en ces lieux j'aperçois!
Quel est donc ce mystère
Qui les glace d'effroi?

ELVIRE, *allant à Fenella*

Rendez le calme à mon coeur éperdu;
Alphonse vous est-il connu?

FENELLA. *Elle répond que oui.*

ALPHONSE.

Le regret me déchire et le remords m'accable.

ELVIRE.

Achevez… j'ai frémi!

FENELLA. _Elle continue, et dit par ses gestes: celui qui m'a trompée, celui qui m'a donné cette écharpe, celui qui m'a trahie…

ELVIRE.

Eh bien! ce coupable!

FENELLA. *Elle montre Alphonse de la main.*

ELVIRE.

C'est lui?

ENSEMBLE.

ALPHONSE.

Oui, tel est ce mystère;
Oui, j'ai trahi ma foi.
Pour finir ma misère,
O terre, entr'ouvre toi!

ELVIRE.

Voilà, donc ce mystère
Qui me glace d'effroi.
Un jour affreux m'éclaire!
Tout est fini pour moi!

LE CHOEUR.

O funeste mystère
Qui les glace d'effroi
C'est pour cette étrangère
Qu'il a trahi sa foi.

LE CHOEUR DE SOLDATS, *montrant Fenella.*

Amis, punissons cette audace,
Et que ses pleurs ne nous désarment pas.

ELVIRE.

Qu'on l'épargne, je lui fais grâce!
Non, non, n'arrêtez point ses pas.

(Fenella regarde avec égarement Alphonse et Elvire, et s'enfuit au milieu dit peuple qui lui ouvre un passage. On la voit disparaître à travers la colonnade du fond.)

ENSEMBLE.

LE CHOEUR DE SOLDATS.

Partons, courons, suivons ses pas,
Amis, punissons cette audace.

ELVIRE ET LE PEUPLE.

Non, non, n'arrêtez point ses pas,
Qu'on l'épargne, je lui fais grâce.

ALPHONSE.

Terre, entr'ouvre toi sous mes pas,
Je ne mérite point de grâce.

ACTE II.

Un site pittoresque aux environs de Naples. Dans le fond, la mer. Des pêcheurs sont occupés à préparer leurs filets et leurs nacelles, d'autres se livrent à différents jeux.

SCÈNE PREMIÈRE.

MASANIELLO, BORELLA, PÊCHEURS.

LE CHOEUR.

Amis, le soleil va paraître,
Livrons-nous à des soins nouveaux;
Employons bien le jour qui va renaître,
Et par les jeux égayons nos travaux.

UN PÊCHEUR.

Masaniello parait; quel air sombre et sauvage!
Qui l'afflige?

BORELLA.

Notre esclavage. (*A Masaniello.*) Salut à notre chef!

MASANIELLO.

Salut, chers compagnons!

BORELLA.

Viens animer nos jeux par tes chansons.

MASANIELLO *à part.*

Piétro ne revient pas.

BORELLA.

Plus de sombre nuage!
Tes refrains nous donnent du coeur;
Et, tu le sais, il nous faut du courage.

MASANIELLO.

Hé bien! répétez donc le refrain du pêcheur,
Et comprenez bien son langage.

LE CHOEUR.

Écoutons bien le refrain du pêcheur.

MASANIELLO.

COUPLETS.

PREMIER COUPLET.

Amis, la matinée est belle,
Sur le rivage assemblez-vous;
Montez gaîment votre nacelle,
Et des vents bravez le courroux!
Conduis ta barque avec prudence:
Parle bas, pêcheur, parle bas;
Jette les filets en silence;
La proie au-devant d'eux s'élance.
Parle bas, pêcheur, parle bas
Le roi des mers ne t'échappera pas.

LE CHOEUR.

Conduis ta barque avec prudence,
Le roi des mers ne t'échappera pas.

MASANIELLO.

DEUXIÈME COUPLET.

L'heure viendra, sachons l'attendre;
Plus tard nous saurons le saisir.
Le courage fait entreprendre,
Mais l'adresse fait réussir.
Conduis ta barque avec prudence;
Parle bas, pêcheur, parle bas;
Jette tes filets en silence;
La proie au-devant d'eux s'élance.
Parle bas, pêcheur, parle bas
Le roi des mers ne t'échappera pas.

LE CHOEUR.

Conduis ta barque avec prudence,
Le roi des mers ne t'échappera pas.

SCÈNE II.

LES PRÉCÉDENTS, PIÉTRO.

MASANIELLO.

Mais j'aperçois Piétro; ciel! que va-t-il m'apprendre?

(*Le prenant à part, et l'amenant au bord du théâtre, pendant que les pêcheurs s'éloignent et retournent à leurs travaux.*)

Personne ici ne connaît mon malheur:
Je ne l'ai confié qu'à l'ami le plus tendre.
Parle, as-tu découvert le destin de ma soeur?

PIÉTRO.

De Fenella le sort est encore un mystère;
Vainement j'ai cherché la trace de ses pas;
Sans doute un ravisseur…

MASANIELLO.

O rage! et moi son frère,
Je n'ai pu la sauver! mais de tels attentats
Recevront à la fin leur juste récompense.

PIÉTRO.

Que te reste-t-il?

MASANIELLO.

La vengeance!

DUO.

MASANIELLO ET PIÉTRO.

Pour un esclave est-il quelque danger?
Mieux vaut mourir que rester misérable!
Tombe le joug qui nous accable,
Et sous nos coups périsse l'étranger!
Amour sacré de la patrie,
Rends-nous l'audace et la fierté:
A mon pays je dois la vie;
Il me devra sa liberté.

MASANIELLO.

Me suivras-tu?

PIÉTRO.

Je m'attache à tes pas,
Je veux te suivre à la mort…

MASANIELLO.

A la gloire!

PIÉTRO.

Soyons unis par le même trépas,

MASANIELLO.

Ou couronnés par la même victoire.

ENSEMBLE.

Pour un esclave est-il quelque danger!
Mieux vaut mourir que rester misérable!
Tombe le joug qui nous accable,
Et sous nos coups périsse l'étranger!

MASANIELLO.

Songe au pouvoir dont l'abus vous opprime,
Songe à ma soeur arrachée à mes bras!

PIÉTRO.

D'un séducteur peut-être elle est victime!

MASANIELLO.

Ah! quel qu'il soit, je jure son trépas!

MASANIELLO ET PIÉTRO.

Mieux vaut mourir que rester misérable
Pour un esclave est-il quelque danger?
Tombe le joug qui nous accable,
Et sous nos coups périsse l'étranger!
Amour sacré de la patrie, etc.

(*En ce moment Fenella paraît sur le haut du rocher; elle regarde la mer, en mesure la profondeur, et semble prête à s'y précipiter.*)

SCÈNE III.

LES PRÉCÉDENTS, FENELLA.

MASANIELLO.

Que vois-je? Fenella! quoi! ma soeur en ces lieux!

(*A ce cri, Fenella tourne la tête, aperçoit son frère et descend vivement les rochers.*)

MASANIELLO, *à Piétro.*

Le ciel nous entendait, il exauce nos voeux!
(Fenella est descendue, et a été se jeter dans les bras de son frère.)
Je n'ose encore en croire ma tendresse!
Est-ce bien toi que dans mes bras je presse?
Quel motif inconnu te sépara de moi?

FENELLA. _Elle lui fait signe qu'elle le lui dira, mais à lui seul.*Piétro s'éloigne.*

SCÈNE IV.

MASANIELLO, FENELLA.

MASANIELLO.

Eh bien! nous voilà seuls.

FENELLA. *Elle lui exprime son désespoir, et lui avoue que sa première intention était de se précipiter dans la mer et d'y finir son existence.*

MASANIELLO.

Attenter à ta vie!
Grand Dieu!

FENELLA. *Mais elle n'a pas voulu mourir avant de le revoir, de l'embrasser, de recevoir son pardon.*

MASANIELLO.

Ton pardon! et pourquoi!

FENELLA. *Elle lui fait entendre qu'elle ne mérite pas sa tendresse: elle lui peint ses remords... Elle s'est donnée à un perfide.*

MASANIELLO.

O ciel! un séducteur! qu'il craigne ma furie!
Rien ne peut le soustraire à mon ressentiment!

FENELLA. *Elle lui fait signe qu'il devait être son époux, qu'il le lui avait juré à la face du ciel, qu'elle a cru son serment.*

MASANIELLO.

Ce lâche, quel est-il? un Espagnol, peut-être?

FENELLA. *Elle répond oui; mais elle ne veut pas le faire connaître; malgré son crime, elle l'aime encore, et pour l'épouser il est d'un rang trop élevé.*

MASANIELLO.

Qu'importe? il tiendra son serment;
Fenella, je veux le connaître.

FENELLA. *Elle lui répond que c'est inutile, qu'il n'est plus d'espérance, qu'il s'est uni à une autre.*

MASANIELLO.

Eh bien donc! malgré toi, je punirai le traître!
Oui, que ce jour me soit ou non fatal,
Il faut armer le peuple et donner le signal.
En vain tu veux calmer le courroux qui me guide!
Je saurai malgré toi découvrir le perfide.

FENELLA. *Elle cherche inutilement à calmer son frère, et s'attache à lui au moment où il court appeler ses compagnons.*

SCÈNE V.

MASANIELLO, BORELLA, FENELLA, PÊCHEURS.

MASANIELLO, *appelant les pêcheurs.*

Venez, amis, venez partager mes transports:
Contre nos ennemis unissons nos efforts.
Le vice-roi, doublant notre misère,
Lève un nouvel impôt sur ces fruits de la terre,
Ce prix de nos sueurs qu'il aime à voir couler!

BORELLA.

Et le peuple se tait?

MASANIELLO.

Il est las de se plaindre!

BORELLA.

S'armera-t-il, lui qui n'ose parler?

MASANIELLO.

Il ose tant quand il a tout à craindre;
Et c'est à nos tyrans aujourd'hui de trembler!
Chacun à ces cruels doit compte d'une offense;
Et moi plus que vous tous! Courons à la vengeance!

LE CHOEUR.

Nous partageons ton fier ressentiment;
De t'obéir nous faisons le serment!

MASANIELLO.

Du silence, de la prudence,
Et le ciel nous protégera.
Toi, mon cher Borella,
Observe bien ces rives.
(*Les femmes et les enfants entrent en scène; sur un geste de Masaniello, Fenella va rejoindre ses compagnes.*)
Que ces enfants, que ces femmes craintives
Ne sachent rien de nos secrets,
Et, pour mieux cacher nos projets,
Chantons gaîment la barcarolle,
Charmons ainsi nos courts loisirs.
L'amour s'enfuit, le temps s'envole;
Le temps emporte nos loisirs
Comme les flots notre gondole.

LE CHOEUR.

Chantons gaîment la barcarolle,
Charmons ainsi nos courts loisirs.

SCÈNE VI.

LES PRÉCÉDENTS, PIÉTRO.

MASANIELLO.

Que veux-tu?

PIÉTRO, *à voix basse.*

De soldats un corps nombreux s'avance,
Et de Naples à nos pas ils ferment le chemin.

BORELLA.

Oui, des tambours annonçant leur présence
J'entends le roulement lointain.

MASANIELLO.

Ne craignez point, trompons leur surveillance
En répétant notre refrain.

LE CHOEUR.

Chantons gaîment la barcarolle, etc.

MASANIELLO, *à voix basse, à Borella.*

Pour cacher des poignards disposez vos filets.

PIÉTRO, *de même à quelques autres.*

Parmi ses fruits que chacun cache une arme.

MASANIELLO, *de même.*

Soulevez-vous au premier cri d'alarme,
Au premier signal soyez prêts.

LE CHOEUR, *à voix basse.*

À Naples! à Naples! au premier cri d'alarme,
Pour combattre nous serons prêts.

(Tout cela se dit à voit basse, tandis que les jeunes filles reprennent en choeur.)

CHOEUR DE JEUNES FILLES.

Chantons gaîment la barcarolle,
Charmons ainsi nos cours loisirs;
L'amour s'enfuit, le temps s'envole;
Le temps emporte nos plaisirs
Comme les flots notre gondole.

(Les uns reprennent leurs filets, et les autres montent sur les nacelles; les femmes placent des paniers de fruits sur leur tête: tous s'éloignent et disparaissent en répétant le refrain.)

ACTE III.

Un riche appartement du palais.

SCÈNE PREMIÈRE.

ALPHONSE, ELVIRE.

ALPHONSE.

N'espérez pas me fuir, je ne vous quitte pas.

ELVIRE.

Non, laissez-moi, n'arrêtez point mes pas.

DUO.

ALPHONSE.

Écoutez, je vous en supplie:
Que le noeud qui nous lie
M'obtienne au moins cette faveur!

ELVIRE.

Non, jamais! vous m'avez trahie,
Et votre perfidie
A porté la mort dans mon coeur.

ALPHONSE.

Quelques torts dont je sois coupable,
Je fléchirais votre rigueur,
Si du désespoir qui m'accable
Vous pouviez connaître l'horreur.

ELVIRE.

Épargnez-vous un tel parjure
De moi vous n'entendrez, hélas!
Aucun reproche, aucun murmure
Je pars… n'arrêtez point mes pas!

ENSEMBLE.

ELVIRE.

Ah! je n'accuse que moi-même
De mon amour je dois rougir.
Pour toujours, hélas! je vous aime!
Et pour toujours je dois vous fuir.

ALPHONSE.

En horreur â vous, à moi-même,
J'ai fait, et je dois m'en punir,
Le malheur de tout ce que j'aime.
Il ne me reste qu'à mourir.

ALPHONSE.

Elvire, si je fus coupable,
Du moins ce n'est pas envers toi.

ENSEMBLE.

ELVIRE.

Fuyez, Alphonse, épargnez-moi;
Cessez un entretien coupable.

ALPHONSE.

Vois le désespoir qui m'accable
Ah! jette un seul regard sur moi.

ELVIRE.

Non, vous avez brisé nos chaînes.

ALPHONSE.

Vois ton amant, vois ton époux.

ELVIRE.

Lui seul cause toutes mes peines.

ALPHONSE.

Il va mourir à tes genoux.

ELVIRE.

Alphonse!

ALPHONSE.

Elvire!

ELVIRE.

Je pardonne,
Mon faible coeur parle pour toi.

ALPHONSE.

Au bonheur mon coeur s'abandonne!

ELVIRE.

Et je m'abandonne à ta foi.

ENSEMBLE.

O moment plein de charmes!
Tous nos maux sont finis;
Je sens couler des larmes
De mes yeux attendris.

ELVIRE.

Mais cette jeune infortunée,
Je dois veiller sur son destin.

Alphonse, ordonnez que soudain
Près de sa souveraine elle soit amenée.

ALPHONSE.

Vos désirs seront satisfaits.
(*A Selva, qui entre.*)
Courez, Selva, cherchez la fugitive
Qui fut votre captive,
Et qu'elle soit par vous conduite en ce palais.

(*Ils sortent.*)

SCÈNE II.

La grande place du marché de Naples. On voit arriver, en dansant, des jeunes filles portant sur leurs têtes des corbeilles de fleurs ou de fruits; des pêcheurs et des paysans arrivent apportant leurs denrées. Le marché s'ouvre: les fleurs et les fruits s'élèvent en étage de chaque côté.

FENELLA, JEUNES FILLES, PÊCHEURS, VILLAGEOIS, HABITANTS DE NAPLES.

Pendant que des jeunes filles et des jeunes garçons se livrent à la danse, des habitants de Naples, suivis de leurs intendants ou de leurs porteurs (facchini) passent dans les allées du marché, marchandent, achètent. Plusieurs lazarroni, à qui ils donnent des pièces de monnaie ou des paniers de fruits, témoignent leur joie et se joignent aux danseurs. Pendant ce temps, Fenella est entrée avec celles de ses compagnes qu'on a vues au second acte; elles se placent sur le devant du théâtre, et ont devant elles des paniers de fruits. Fenella, triste, pensive, ne prend aucune part à ce qui se passe autour d'elle; de temps en temps seulement elle se lève et regarde si elle ne verra pas paraître son frère ou quelqu'un de la cour.

LE CHOEUR.

Au marché gui vient de s'ouvrir,
Venez, hâtez-vous d'accourir:
Voilà des fleurs, voilà des fruits,
Raisins vermeils, limons exquis,
Oranges fines de Méta,
Rosolio, vin de Somma,
C'est moi qui veux vous les offrir:
Venez, hâtez-vous d'accourir!

UN PÊCHEUR.

Venez, adressez-vous au pécheur de Mysène.

UN MARCHAND.

Macarino parfait; venez, prenez chez moi.

UNE MARCHANDE DE FRUITS.

Je vends des fruits au vice-roi.

UNE MARCHANDE DE FLEURS.

Je vends des bouquets à la reine.

LE CHOEUR.

Au marché qui vient de s'ouvrir,
Venez, etc.

SCÈNE III.

LES PRÉCÉDENTS; SELVA, PLUSIEURS SOLDATS *qui se répandent dans le marché.*

(Fenella aperçoit Selva. Trompée par son uniforme, elle le regarde d'abord avec curiosité; mais elle le reconnaît, fait un geste d'effroi, se rassied et tâche de lui cacher sa figure.)

SELVA. *Pendant que la danse continue, il parcourt les différents groupes de jeunes filles et les regarde attentivement; arrivé près de Fenella, il fait un geste de surprise.*

Non, je ne me trompe pas,
C'est bien elle! A moi, soldats!
Qu'à l'instant même on me suive!

FENELLA. *Elle se lève épouvantée, et court se réfugier au milieu de ses compagnes: par ses gestes elle les supplie de la protéger.*

LE CHOEUR DE FEMMES.

Ciel! on veut l'emmener captive!
Qu'a-t-elle fait?

SELVA ET LES SOLDATS.

Qu'à l'instant on nous suive!

(On entraîne Fenella.)

ENSEMBLE.

LE CHOEUR DE FEMMES.

Ah! contre l'étranger n'est-il point de recours!
Qui viendra donc à son secours?

SELVA ET LES SOLDATS.

Point de murmure, il y va de vos jours!

Selva et les soldats sont au moment d'emmener Fenella, quand au milieu du marché paraissent Masaniello, Piétro et quelques pêcheurs.

SCÈNE IV.

LES PRÉCÉDENTS; MASANIELLO, PIÉTRO, PÊCHEURS.

MASANIELLO.

Où la conduisez-vous?

SELVA.

Quel es-tu? que t'importe?

MASANIELLO.

Sais-tu qu'elle est ma soeur?

SELVA.

Rebelle, éloigne-toi;
Obéis sans murmure aux ordres de ton roi.

MASANIELLO, *tirant son poignard.*

Crains la fureur qui me transporte!

SELVA, *faisant signe à un soldat.*

Arrachez-lui ce fer dont il ose s'armer!

MASANIELLO, *poignardant le soldat.*

Levez-vous, compagnons! on veut nous opprimer!
Un lâche, un mercenaire,
Osa porter sur moi son insolente main;
Il n'est plus, et le téméraire
De la tombe aux tyrans vient d'ouvrir le chemin!

SELVA.

Tremblez! je punirai des traîtres...

MASANIELLO.

Va dire aux étrangers que tu nommes tes maîtres,
Que nous foulons aux pieds leur pouvoir inhumain.

N'insulte plus, toi qui nous braves,
A des maux trop longtemps soufferts.
Tu crois parler à des esclaves,
Et nous avons brisé nos fers.

LE CHOEUR.

Non, plus d'oppresseurs, plus d'esclaves,
Combattons pour briser nos fers.

(*Tous les paysans, qui étaient restés assis, se lèvent en tirant leurs armes, en un instant Selva et ses soldats sont entourés et désarmés.*)

LE CHOEUR.

Courons à la vengeance!
Des armes, des flambeaux!
Et que notre vaillance
Mette un terme à nos maux!

(*Ils agitent leurs armes et vont pour sortir.*)

MASANIELLO, *les arrêtant.*

Invoquons du Très-Haut la faveur tutélaire
A genoux, guerriers, à genoux!
Dieu nous juge: que sa colère
Aux combats marche devant nous.

(*Le peuple se prosterne.*)

MASANIELLO ET LE CHOEUR.

Saint bienheureux, dont la divine image
De nos enfants protège les berceaux,
Toi qui nous rends la force et le courage,
Toi qui soutiens le pauvre en ses travaux,
Tu nous vois tous
A tes genoux!
Sois avec nous,
Protège nous!
Saint bienheureux, dont la divine image
De nos enfants protège les berceaux,
Toi qui nous rends la force et le courage,
Fais aujourd'hui pour nous des miracles nouveaux!

(*On entend le roulement du tambour et le bruit du tocsin.*)

MASANIELLO.

L'airain s'agite et vos armes sont prêtes;
Assurons donc, par nos sanglants travaux,
Ou des vainqueurs les lauriers à nos têtes,
Ou des martyrs la palme â nos tombeaux!

CHOEUR GÉNÉRAL.

Marchons! des armes, des flambeaux!

PIÉTRO.

Le temple ne pourra défendre
Le sang impur de nos bourreaux;
Par torrents il faut le répandre!

CHOEUR GÉNÉRAL.

Marchons! des armes, des flambeaux!

PIÉTRO.

Ils n'auront dans leur ville en cendre
D'autre asile que leurs tombeaux.

CHOEUR GÉNÉRAL.

Marchons! des armes, des flambeaux!

(Ils se partagent des armes; ils courent des torches à la main; les femmes excitent à la lueur de l'incendie.)

ACTE IV.

L'intérieur de la cabane de Masaniello. Le fond en est fermé par une voile de vaisseau; à droite, une chaise et une table; à gauche, une natte qui sert de lit à Masaniello.

SCÈNE PREMIÈRE.

MASANIELLO, *assis*; LE MARQUIS DE COLONNE, *et les principaux* HABITANTS
DE NAPLES, *debout et groupés autour de Masaniello.*

LE CHOEUR.

Écoute nos voix suppliantes!
Laisse-toi fléchir par nos pleurs,
Et désarme les mains sanglantes
Des ministres de tes fureurs.

UN MAGISTRAT.

Seigneur!

MASANIELLO.

Ce titre est une offense.

LE MARQUIS.

Chef du peuple!

MASANIELLO.

Oui, cruels! oui, son chef, son vengeur!
Mon règne doit durer autant que sa vengeance.
Vous vivants, je suis roi; vous morts, simple pêcheur:
Mon règne sera court.

LE CHEF DE LA JUSTICE.

Grâce! que la clémence
Touche un peuple inhumain et sourd à nos accents.

MASANIELLO.

Entendiez-vous ses cris quand vous étiez puissants?
Vous l'écrasiez sous votre tyrannie:
De la sienne à mes pieds subissez donc la loi.

LE MARQUIS.

Nous t'offrons nos trésors, accorde-nous la vie!

MASANIELLO.

Que pouvez-vous m'offrir qui ne soit pas à moi?
Ces trésors, je le sais, sont le fruit de nos peines:
Il n'importe, reprenez-les.
Si je me suis armé, c'est pour briser nos chaînes,
Et non pour piller vos palais.

LE CHOEUR.

Écoute nos voix suppliantes,
Laisse-toi fléchir par nos pleurs.

MASANIELLO.

Non.

LE CHOEUR.

Désarme les mains sanglantes
Des ministres de tes fureurs!

MASANIELLO.

Non, non.

LE CHOEUR.

Que la pitié retienne
Ton glaive suspendu sur nous.
Épargne notre tête.

MASANIELLO.

Écoutez: à vos coups,
Si j'eusse été vaincu, j'aurais offert la mienne...
Mais vous m'implorez à genoux,
Vous demandez la vie, allons, je vous la donne.
Pontifes, magistrats, princes, relevez-vous!
Masaniello, le pêcheur, vous pardonne.
Laissez-moi.

(*Ils sortent.*)

SCÈNE II.

MASANIELLO, *seul.*

N'écoutant que ma juste fureur,
J'aurais peut-être dû les punir de leurs crimes;
Mais ce meurtre sans fruit eût souillé leur vainqueur;
Nos soldats furieux ont fait trop de victimes...
Je ne sais quel dégoût s'empare de mon coeur.
Les lâches! ils dormaient courbés sous leurs entraves;
J'ai dit: Réveillez-vous! je les ai délivrés,
Et de sang aussitôt ils se sont enivrés:
Ma victoire en tyrans a changé ces esclaves!

AIR.

O Dieu! toi qui m'as destiné
A remplir ce sanglant office,
Pour achever le sacrifice;
Grand Dieu! que ne m'as-tu donné
Leur inexorable justice?
N'adouciras-tu point tes arrêts rigoureux
Ne pourrai-je fléchir ces tigres inflexibles?
Rends-moi, pour t'obéir, rends-moi cruel comme eux,
Dieu puissant! ou rends-les sensibles!
Et cependant pour eux mon coeur est alarmé.
Le vice-roi, que poursuivait leur rage,

Aux murs de Châteauneuf est encore enfermé.
Il faut par un assaut consommer notre ouvrage.

SCÈNE III.

MASANIELLO, FENELLA, *abattue et chancelante.*

MASANIELLO.

Que vois-je? Fenella! quelle horrible pâleur!
Nous venons, ô ma soeur! de venger ton outrage.
Qui peut encore exciter ta douleur?

FENELLA. *Elle lui peint le désordre de Naples.*

MASANIELLO.

J'ai voulu, mais en vain, mettre un terme au carnage.

FENELLA. *Elle lui représente, par ses gestes, les horreurs auxquelles la ville est livrée, le pillage, le meurtre, l'incendie.*

MASANIELLO.

Oui, des torches en feu dévorant les palais,
Des enfants étouffes sur le sein de leurs mères,
Des frères frappés par leurs frères,
Oui, des forfaits ont puni des forfaits;
Mais, tu le sais, je n'en suis pas coupable.
Viens dans mes bras, dissipe ton effroi.

FENELLA. *Elle lui fait entendre qu'elle ne peut résister à la fatigue.*

MASANIELLO.

La fatigue t'accable;
Repose en paix, je veillerai sur toi.
Du pauvre seul ami fidèle,
Descends à ma voix qui t'appelle,
Sommeil, descends du haut des cieux!
De son coeur bannis les alarmes;
Qu'un songe heureux sèche les larmes
Qui tombent encore de ses yeux.
(Fenella s'endort sur le lit à gauche.)
Un doux sommeil apaise sa souffrance;
Mais on vient.

SCÈNE IV.

LES PRÉCÉDENTS, PIÉTRO, PÊCHEURS.

MASANIELLO.

C'est Piétro... que voulez-vous de moi?

PIÉTRO.

Nos compagnons nous députent vers toi.

MASANIELLO.

Eh bien! que veut mon peuple?

PIÉTRO.

Il demande vengeance.

LE CHOEUR.

À nos serments
L'honneur t'engage;
Plus d'esclavage,
Plus de tyrans!

(Pendant ce choeur, Fenella s'éveille et écoute.)

MASANIELLO.

Calmez-vous, amis: quel délire
À des meurtres nouveaux semble pousser vos bras?

PIÉTRO.

Le fils du vice-roi se dérobe au trépas:
Notre salut commun exige qu'il expire!
Il a près de ces lieux porté ses pas errants.

(Fenella exprime les craintes les plus vives.)

MASANIELLO.

Eh! n'est-ce pas assez de chasser nos tyrans?
Faut-il les immoler?

PIÉTRO.

Oui, nous voulons sa tête!

MASANIELLO.

Ah! que la pitié vous arrête!

PIÉTRO ET LE CHOEUR.

A nos serments, etc.

MASANIELLO.

Silence! écoutez-moi! trop de sang, de carnage,
Ont signalé votre fureur:
Je saurai mettre un terme à cette aveugle rage.

PIÉTRO.

Tu voudrais vainement enchaîner notre ardeur.
Tu nous trahis...

MASANIELLO.

Parlez plus bas... Ma soeur...

(*Fenella a pris part à la scène, et au moment où Masaniello parle d'elle, elle affecte de dormir profondément.*)

PIÉTRO.

Elle repose.

MASANIELLO.

Elle peut nous entendre.

PIÉTRO.

Eh bien! entrons, suis-nous sans plus attendre.

LE CHOEUR.

A nos serments
L'honneur t'engage;
Plus d'esclavage,
Plus de tyrans!

(*Ils entrent dans l'intérieur de la chaumière.*)

SCÈNE V.

FENELLA, *seule. Elle a tout entendu, elle frémit; mille sentiments confus l'agitent; le danger d'Alphonse, le souvenir de sa trahison. On frappe à la porte de la chaumière: Fenella s'effraie, elle hésite; on frappe de nouveau: elle se décide à ouvrir, reconnaît Alphonse et cache sa figure dans ses mains.*

SCÈNE VI.

FENELLA, ALPHONSE, ELVIRE, *enveloppée dans un manteau, couverte d'un voile noir.*

ALPHONSE.

Ah! qui que vous soyez, accueillez ma prière,
Et dérobez-nous à la mort.
Ciel! que vois-je? c'est elle! ô justice sévère!
Elle est maîtresse de mon sort.

FENELLA. *Elle recule avec effroi, lui fait entendre que jamais un crime ne reste impuni, lui reproche sa trahison.*

ALPHONSE.

Oui, j'ai mérité ta colère.
Sois juste, abandonne à leurs bras
Le perfide qui t'a trahie!
Les meurtriers sont sur mes pas.
Venge-toi, tu le peux.

FENELLA. *En mettant le doigt sur sa bombe, elle lui fait signe qu'on peut les entendre, et l'entraîne rapidement de l'autre côté du théâtre, en lui montrant la porte par laquelle les pêcheurs viennent de sortir.*

ALPHONSE.

Ah! que par mon trépas
Ta vengeance soit assouvie!
Mais le destin d'une autre à mon sort est lié;
Pour une autre que moi j'implore ta pitié!
Prends mes jours, épargne sa vie!

FENELLA. *Elle jette un regard sur Elvire, court vers elle, entr'ouvre son manteau, lui arrache le voile qui couvre son visage, s'éloigne d'elle avec colère, et semble dire: Voilà donc celle que tu m'as préférée, et tu veux que je l'épargne!*

ELVIRE.

Fenella, sauvez mon époux!

FENELLA. *Elle n'est plus maîtresse d'elle-même, et n'écoute que sa jalousie. Elle aurait sauvé Alphonse, mais elle veut perdre sa rivale. Déjà elle a fait un pas vers la porte de la cabane où les pêcheurs sont rassemblés.*

ELVIRE, *l'arrêtant par la main.*

Vous, nous trahir! quel transport vous entraîne?
Ne nous repoussez pas, c'est votre souveraine
Qui vous demande asile et tremble devant vous.

FENELLA. *Son coeur passe tour à tour de la vengeance à la pitié; elle s'arrête entre Alphonse et Elvire.*

ELVIRE.

Arbitre d'une vie
Qui va m'être ravie,
A ma voix qui supplie
Laissez-vous attendrir.

ALPHONSE.

Du sort qui nous opprime
Que je sois seul victime
Seul j'ai commis le crime
Dont tu veux la punir.

FENELLA. *Elle s'est laissée toucher à la voix d'Elvire: et comme frappée de la voir si belle, elle retire brusquement sa main, que la princesse tenait dans les siennes.*

ELVIRE.

Dans vos maux, fille infortunée,
Ma bonté fut votre recours;
Et moi, dans la même journée,
Je viens implorer vos secours.
Je pris pitié de vos alarmes
Lorsque je vis couler vos larmes;
Mes larmes coulent devant vous.
Je vous vis, pour fuir votre chaîne,
Tomber aux pieds de votre reine;
Votre reine est à vos genoux!

FENELLA. *Elle ne peut vaincre son émotion; elle les repousse encore, mais faiblement, et se détourne pour cacher ses pleurs qu'elle veut étouffer. (Alphonse et Elvire, qui s'aperçoivent de l'impression qu'elle éprouve, se rapprochent d'elle, et redoublent leurs instances avec un accent plus touchant.)*

ENSEMBLE.

ALPHONSE.

Du sort qui nous opprime
Que je sois seul victime!

Seul j'ai commis le crime
Dont tu veux la punir!

ELVIRE.

Arbitre d'une vie
Qui va m'être ravie,
A ma voix qui supplie
Laissez-vous attendrir.

FENELLA. *Elle ne peut résister à leurs prières; elle fait un violent effort sur elle-même, saisit leurs mains, et jure de les sauver ou de mourir avec eux. (On entend du bruit; Masaniello sort de la porte à droite; Alphonse saisit son épée.)*

SCÈNE VII.

LES PRÉCÉDENTS, MASANIELLO.

MASANIELLO.

Des étrangers dans ma chaumière!
Que cherchez-vous?

FFNELLA. *Elle fait signe à son frère qu'ils sont proscrits, qu'ils cherchent un asile, qu'elle leur a promis son appui.*

ALPHONSE.

Errants dans l'ombre de la nuit,
Nous n'avons plus d'espoir, le peuple nous poursuit,
Et nous fuyons leur fureur meurtrière.

MASANIELLO.

A cette porte hospitalière
Jamais un malheureux n'a frappé vainement.
Oui, quel que soit le sang dont cette arme est trempée,
Entrez, je vous reçois; et, mieux que votre épée,
L'hospitalité vous défend.

FENELLA. *Elle exprime sa joie, et par ses gestes semble dire. Ne craignez rien, vous voilà sauvés; mon frère répond de votre vie.*

SCÈNE VIII.

LES PRÉCÉDENTS, PIÉTRO, BORELLA, QUELQUES CONJURÉS.

PIÉTRO.

Par le peuple conduits, marchant d'un pas docile,
Les magistrats napolitains
Viennent déposer dans tes mains
Les clés des portes de la ville.
(*Apercevant Alphonse.*)
Que vois-je, juste ciel! le fils du vice-roi!

MASANIELLO.

Que me dis-tu, Piétro?

PIÉTRO.

Lui-même est devant toi.

ENSEMBLE.

PIÉTRO.

Du transport qui m'anime
Il sera la victime:
Qu'il craigne mon courroux!
Un hasard favorable
Permet que le coupable
Tombe enfin sous nos coups.

MASANIELLO.

Je sens qu'en sa présence
Les torts de sa naissance
Réveillent mon courroux.
Mais plus fort que la haine,
Le serment qui m'enchaîne
Le dérobe à leurs coups.

ALPHONSE.

Funeste destinée!
Ah! qu'une infortunée
Échappe à leur courroux!
S'ils épargnent sa vie,
Je brave leur furie;
Mon sort me sera doux.

ELVIRE.

J'attends avec constance
L'arrêt de leur vengeance

Qui doit me joindre à vous.
Le péril nous rassemble:
Si nous mourons ensemble,
Mon sort me sera doux.

PIETRO ET LE CHOEUR.

Oui, c'est lui que le ciel livre à notre courroux.
Oui, tu nous l'as promis; qu'il tombe sous nos coups.

ALPHONSE, *à Piétro.*

Farouche meurtrier, je brave ton courroux.
Viens me donner la mort ou tomber sous mes coups.

(*Ils lèvent tous sur Alphonse leurs poignarde. Fenella se jette entre eux et Alphonse.*)

FENELLA. *Elle court à son frère, et par ses gestes elle lui dit: Il était sans asile, sans défense; il est venu en suppliant vous demander un asile; vous le lui avez accordé, vous l'avez reçu sous votre toit, vous lui avez juré protection, et vous le laisseriez immoler! ces murs seraient teints de son sang!*

MASANIELLO, *à Fenella.*

Sa confiance en moi ne sera pas trompée!
Je me rappelle mon serment;

(*A Alphonse.*)

Et mieux que ton épée,
L'hospitalité te défend.
Qu'on respecte ses jours!

PIÉTRO ET LE CHOEUR.

Nous avons ton serment,
Et sa vie est à nous.

MASANIELLO.

D'où vous vient tant d'audace?
Qu'on se taise!

PIÉTRO ET LE CHOEUR.

Tyran, crains mon juste transport!

MASANIELLO.

Je suis tyran pour faire grâce
Comme toi pour donner la mort.
(*A Elvire et à Alphonse.*)

Partez, ne craignez rien.
(*A Borella.*)
Monte sur ma nacelle;
Aux murs de Châteauneuf, conduis-les, sois fidèle;
Cours, Borella, tu réponds de leur sort.

PIÉTRO ET LE CHOEUR.

Tyran, crains mon juste transport

MASANIELLO, *saisissant une hache.*

Pour marcher sur leur trace,
Si de franchir le seuil l'un de vous a l'audace
Il tombe sous ce bras vengeur.

PIÉTRO ET LE CHOEUR, *à voix basse.*

N'avons-nous fait que changer d'oppresseur?

(*Tous ouvrant un passage à Alphonse et à Elvire, qui s'éloignent en regardant Fenella.*)

SCÈNE IX.

Le fond de la cabane, qui était fermé par une voile de navire, se relève en ce moment. On aperçoit les principaux habitants de la ville apportant à Masaniello les clés de Naples. Le cortège porte des palmes et des couronnes.

FENELLA, MASANIELLO, PIETRO.

ENSEMBLE.

NAPOLITAINS, NAPOLITAINES, PÊCHEURS.

Honneur, honneur et gloire!
Célébrons ce héros!
On lui doit la victoire,
La paix et le repos.

PIÉTRO ET LES CONJURÉS.

De le frapper j'aurai la gloire
Il ne mérite plus de marcher dans nos rangs;
Du haut de son char de victoire
Qu'il tombe comme nos tyrans!

(*On présente à Masaniello les clés de la ville, on le revêt d'un manteau magnifique, et on lui amène un cheval sur lequel on l'invite à monter.*)

MASANIELLO.

Adieu donc, ma chaumière! adieu, séjour tranquille!
Je t'abandonne pour jamais.
Bonheur que j'ai goûté dans ce modeste asile!
Me suivras-tu dans un palais?

ENSEMBLE.

NAPOLITAINS.

Honneur, honneur et gloire!
Célébrons ce héros!
On lui doit la victoire,
La paix et le repos.

PIÉTRO ET LES CONJURÉS.

De le frapper j'aurai la gloire
Il ne mérite plus de marcher dans nos rangs;
Au milieu des chants de victoire
Qu'il tombe comme nos tyrans!

(*Masaniello est monté sur son cheval au milieu du peuple qui se presse autour de lui, et environné de danses. Pendant ce temps, Piétro et les conjurés le menacent de leurs poignards. Fenella, qui est près de Piétro, l'examine avec crainte, et pendant que le cortège s'empresse autour de son frère, ses regards inquiets s'élèvent vers le ciel, et semblent prier pour lui.*)

ACTE V.

Le vestibule du palais du vice-roi; à gauche un large escalier en pierre conduisant à une terrasse. Au fond, dans le lointain, le sommet du Vésuve.

SCÈNE PREMIÈRE.

PIETRO, PÊCHEURS, JEUNES FILLES DU PEUPLE.

Ils sortent de l'appartement à gauche qui est celui du festin. C'est la fin d'une orgie: ils tiennent à la main des coupes, des vases remplis de vin; d'autres tiennent des guitares.

COUPLETS.

PIÉTRO, *une guitare à la main.*

PREMIER COUPLET.

Voyez du haut de ces rivages
Ce frêle esquif voguer sur la mer en fureur!
Les vents, les flots et les orages
Menacent d'engloutir le malheureux pêcheur.

Mais la madone sainte a guidé l'équipage:
Par elle protégés nous revoyons le bord.
Plus de crainte, plus d'orage!
Notre barque a touché le port.

LE CHOEUR.

Buvons! la barque est dans le port.

UN PÊCHEUR, *bas à Piétro.*

De ce nouveau tyran as-tu brisé les chaînes?

PIÉTRO, *de même.*

Oui, j'ai de notre chef puni la trahison.
(*Montrant à gauche la salle du festin.*)
Et par mes soins, un rapide poison
Déjà circule dans ses veines.

DEUXIEME COUPLET.

Parfois, le soir sur cette plage,
Des pirates cruels, la terreur de ces mers,
Ivres de sang et de pillage,
Attendent le pêcheur pour lui donner des fers.
Mais la madone sainte a guidé l'équipage:
Par elle protégés nous revoyons le bord.
Plus de crainte, plus d'orage!
Notre barque a touché le port.

LE CHOEUR.

Buvons! la barque est dans le port.

PIÉTRO.

On vient, silence, amis!

SCÈNE II.

LES PRÉCÉDENTS, BORELLA, *sortant de l'appartement à gauche.*

PIÉTRO.

Quelle frayeur t'agite,
Borella?

BORELLA.

Compagnons, armez-vous, ou tremblez!
De nombreux bataillons qu'Alphonse a rassemblés
Marchent vers ce palais; ils s'avancent...

PIÉTRO.

O rage!

BORELLA.

Le ciel même paraît combattre contre nous.
De quelque grand malheur trop sinistre présage,
Les sourds mugissements du Vésuve en courroux
De ce peuple crédule ont glacé le courage.

LE CHOEUR DES PÊCHEURS.

D'un juste châtiment qui peut nous préserver?

LE CHOEUR DE FEMMES.

Masaniello peut seul arrêter leur furie.

LE CHOEUR DES HOMMES.

Masaniello peut encore nous sauver.

BORELLA, *montrant la porte à gauche.*

N'y comptez plus!

LE CHOEUR.

O ciel! il a perdu la vie!

BORELLA.

Non, il respire encor; mais, sourd à nos accents,
Je ne sais quel délire a maîtrisé ses sens.

PIÉTRO.

C'est Dieu qui l'a frappé.

BORELLA.

Tantôt sombre et farouche,
Il se croit entouré de mourants et de morts;
Tantôt, le sourire à la bouche,
Il chante et croit guider la barque sur nos bords.

LE CHOEUR.

Misérable Piétro, tu mourras s'il expire!

PIÉTRO.

Non, sa raison sur lui reprendra son empire.
Il vient! il vient!

SCÈNE III.

LES PRÉCÉDENTS, MASANIELLO. *Le désordre de ses vêtements annonce le trouble de ses esprits.*

MASANIELLO.

Courons, punissons nos bourreaux!
Voilà le sang qu'il faut répandre!
Réduisons leurs palais en cendre;
Courons! des armes, des flambeaux!

PIÉTRO.

Reviens à toi!

MASANIELLO, *lui prenant la main.*

Parle bas, pêcheur, parle bas:
Jette tes filets en silence.

LE CHOEUR.

Viens, marchons, guide nos pas.

MASANIELLO.

La proie au-devant d'eux s'élance.
Parle bas, pêcheur, parle bas;
Le roi des mers ne t'échappera pas.

PIÉTRO.

Sais-tu quel péril nous menace?
Voici nos ennemis, mais guide notre audace,
Suis notre chef! Parais, ils fuiront devant toi.
Partons!

MASANIELLO.

Oui, oui, partons!

PIÉTRO ET LE CHOEUR.

C'est l'honneur qui t'appelle.

MASANIELLO, *d'un air riant.*

Partons, la matinée est belle; Venez, amis, venez avec moi!.. (*En ce moment le ciel s'obscurcit, et le Vésuve, qu'on aperçoit de loin, commence à jeter quelques flammes.*) Chantons gaîment la barcarolle, Charmons ainsi nos courts loisirs.

LE CHOEUR

Mortels délais! vains souvenirs!

MASANIELLO.

L'amour s'enfuit, le temps s'envole.

LE CHOEUR.

Si vous tardez, on nous immole!

MASANIELLO.

Le temps emporte nos plaisirs
Comme les flots notre gondole.

SCÈNE IV.

LES PRÉCÉDENTS, FENELLA.

FENELLA. *Elle court à Masaniello. Elle lui expliqué que les soldats du vice-roi s'avancent en bon ordre, enseignes déployées, et que les tambours battent aux champs. Devant eux les lazzaroni se sont enfuis effrayés; les uns ont jeté leurs armes; les autres, à genoux, ont demandé la vie. Elle entraîne Masaniello vers la fenêtre du palais… Les voilà, ils avancent; ils ont juré qu'aucun de vous n'échapperait.*

PIÉTRO, *à Masaniello.*

Tu le vois, leur fureur nous dévoue au trépas.

MASANIELLO, *revenant un peu à lui, et serrant Fenella contre son coeur.*

Ma Fenella! ma soeur! qui cause tes alarmes?

PIÉTRO.

Nos tyrans!.. que ce mot te rappelle aux combats?

MASANIELLO.

Qu'entends-je?

PIÉTRO.

Ce sont eux.

MASANIELLO.

Eh! qui donc?

PIÉTRO.

Leurs soldats!

LE CHOEUR.

Nos tyrans!

MASANIELLO.

Se peut-il?

LE CHOEUR.

Oui, nos tyrans.

MASANIELLO, *revenant à lui.*

Mes armes!

LE CHOEUR, *l'entraînant.*

Victoire! il va guider nos pas;
Plus de discordes, plus d'alarmes!
Victoire! il va guider nos pas!

(*Ils sortent tous l'épée à la main en entraînant Masaniello, qui recommande à Borella de rester près de sa soeur et de veiller sur elle.*)

SCÈNE V.

FENELLA, *seule. Quelque temps elle suit son frère des yeux. Elle revient sur le bord du théâtre, et prie pour que le ciel le protège. C'est tout ce qu'elle demande, car pour elle il n'y a plus d'espoir de bonheur… Elle regarde encore cette écharpe qu'Alphonse lui a donnée; elle veut s'en détacher; elle ne peut s'y résoudre: elle la regarde, la couvre de baisers; elle entend marcher et la cache… C'est Elvire, c'est sa rivale qui entre pâle et en désordre; Fenella court à elle: Comment vous trouver-vous seule en ces lieux? d'où venez-vous?*

SCÈNE VI.

FENELLA, ELVIRE, BORELLA.

ELVIRE.

N'approchez pas! le meurtre et l'incendie
Dévastent ce palais; venez, fuyons ces lieux.

FENELLA. *Elle n'a rien à craindre; elle peut rester.*

ELVIRE.

Entendez-vous les cris dont ils frappent les cieux?
Je vois le fer sanglant qui menaçait ma vie.
J'allais périr!.. un mortel généreux,
Votre frère lui-même a trompé leur furie.

BORELLA.

Masaniello! grands dieux!
Il a donc triomphé? Le destin se prononce!
Écoutez... il revient... qu'ai-je vu? c'est Alphonse!

SCÈNE VII.

LES PRÉCÉDENTS, ALPHONSE, SUITE.

FENELLA. *Elle court à lui, et lui demande où est Masaniello.*

ALPHONSE.

Votre frère!.. ô douleur! ô regrets éternels!
Il combattait encore... Hélas! à ces cruels
Il voulut épargner un crime,
Prêt à périr, Elvire embrassait ses genoux...
Il a sauvé ses jours, et le peuple en courroux...

BORELLA.

Il en était l'idole.

ALPHONSE.

Il en est la victime. (*Fenella qui écoutait ce récit en tremblant, tombe à moitié évanouie entre les bras de Borella, qui la soutient.*) Et je n'ai pu le secourir! Je l'ai vengé du moins: nos bataillons fidèles Ont au loin dispersé ces hordes de rebelles. Masaniello n'est plus... ils ne savent que fuir.

FENELLA. *Elle sort peu à peu de son évanouissement. Elle aperçoit Alphonse auprès d'Elvire; elle se relève, jette sur Alphonse un dernier regard de regret et de tendresse; elle unit sa main à celle d'Elvire, et s'élance vers l'escalier qui est au fond du théâtre. Surpris de ce brusque départ, Alphonse et Elvire se retournent pour lui adresser un nouvel adieu. En ce moment le Vésuve commence à jeter des tourbillons de flamme et de fumée, et Fenella, parvenue au haut de la terrasse, contemple cet effrayant spectacle. Elle s'arrête, et détache son écharpe, la jette du côté d'Alphonse, lève les yeux au ciel et se précipite dans l'abîme.*

(*Alphonse et Elvire poussent un cri d'effroi. Mais, au même instant, le Vésuve mugit avec plus de fureur; du cratère du volcan la lave enflammée se précipite. Le peuple épouvanté se prosterne.*)

LE CHOEUR.

Grâce pour notre crime!
Grand Dieu! protège-nous!
Et que cette victime
Suffise à ton courroux!

FIN DE LA MUETTE DE PORTICI.